ALLOCUTION

DE

M. L'ABBÉ LE REBOURS

Curé de la paroisse Sainte-Madeleine

AU MARIAGE

DU

COMTE LOUIS LAFOND

ET DE

Mlle MARGUERITE DE LAYRE

Dans l'église Saint-Philippe-du-Roule, à Paris

LE 23 AVRIL 1885

PARIS

RETAUX-BRAY, LIBRAIRE-ÉDITEUR

82, RUE BONAPARTE, 82

1885

IMPRIMERIE PILLET ET DUMOULIN

RUE DES GRANDS-AUGUSTINS, 5, A PARIS.

ALLOCUTION

DE

M. L'ABBÉ LE REBOURS

Curé de la paroisse Sainte-Madeleine

AU MARIAGE

DU

COMTE LOUIS LAFOND

ET DE

Mlle MARGUERITE DE LAYRE

Dans l'église Saint-Philippe-du-Roule, à Paris

LE 23 AVRIL 1885

PARIS

RETAUX-BRAY, LIBRAIRE-ÉDITEUR

82, RUE BONAPARTE, 82

1885

ALLOCUTION

DE

M. L'ABBÉ LE REBOURS

Monsieur et Mademoiselle,

En vous voyant aujourd'hui aux pieds des
saints autels, unis à l'avance dans un commun
sentiment de foi, de recueillement et de piété,
au moment où, par un trop rare bonheur, il
nous est donné de prononcer les paroles solen-
nelles qui forment les liens sacrés de la famille
sur deux âmes qui furent toujours fidèles au
Seigneur, nous ne saurions mieux faire, ce
nous semble, que de vous rappeler, pour les
méditer avec vous, les graves et consolantes
paroles par lesquelles le roi prophète, en son
cantique inspiré, célèbre la grandeur et les
précieuses espérances des unions contractées
par les véritables enfants de Dieu. Heureux,

dit-il, ceux qui craignent le Seigneur, et qui marchent ensemble dans ses voies saintes et bénies! *Beati omnes qui timent Dominum, qui ambulant in viis ejus*[1]. Ils recevront la récompense de leurs bonnes actions, ils sont heureux et l'avenir leur réserve plus de bonheur encore. *Beatus es et bene tibi erit.*

Cette récompense, permettez-moi de le dire, Monsieur, vous la recevez aujourd'hui de Dieu. C'est lui qui par sa Providence prépare et conduit toutes les vies, et, comme parlent encore nos saintes lettres, les parents donnent la fortune et le nom respecté, mais le Seigneur seul peut donner une épouse prudente et sage. Celle que vous recevez aujourd'hui, Monsieur, de sa bonté vous apporte, vous le savez déjà, ces qualités précieuses de l'intelligence et du cœur qui feront le charme de votre foyer. Un jugement sûr et hâtivement formé, une piété sage et profonde, je puis peut-être en parler

---

1. Ps. CXXVII.

mieux qu'un autre, l'ayant vue dès ses plus
tendres années se former sous le regard de
Dieu en ces réunions qu'elle aimait. La Providence bienveillante l'avait mise à bonne école
entre le dévouement maternel et la vie occupée
d'un chef de famille exerçant en son pays une
influence heureuse et respectée, puis consa-
crant ses loisirs à des travaux littéraires aux-
quels semblaient le convier le nom qui s'était
uni au sien. Il s'était donné la difficile tâche
d'achever, et l'on sait avec quel succès, l'impor-
tante et douloureuse histoire des plus mauvais
jours de notre malheureux pays; celui qui
l'avait commencée, avec une érudition et une
autorité magistrale qui marquait sa place
parmi l'élite des savants, avait auparavant rendu
bien d'autres services dans les grandes assem-
blées, où l'envoyait, sans même qu'il le deman-
dât, la constante estime et l'entière confiance de
tout un département : c'était d'ailleurs la place
des siens depuis le Conseil des Cinq-Cents.
— Le Poitou d'autre part, Monsieur, entoure

aussi de respect et de reconnaissance le nom de
votre jeune épouse ; sa famille, après cinq géné-
rations de magistrature, y a laissé en le quittant
une paroisse créée tout entière par ses géné-
rosités : église, école de sœurs et soin assuré
des malheureux. Un souvenir toutefois me
semble plus à rappeler encore : celui de ce re-
ligieux mort entouré de l'universelle vénéra-
tion, victime de son dévouement à nos soldats
blessés dans les désastres de nos dernières
guerres.

Vous apportez, vous aussi, Monsieur, à celle
qui se donne à vous de précieux biens. Une
seconde mère dont elle peut apprécier déjà le
mérite, puisque c'est elle qui vous a fait ce que
vous êtes. Son nom est des plus respectés en
ce pays chartrain souvent administré par les
siens, vous lui donnez encore un frère et une
sœur qui déjà l'aiment avec vous, puis le souvenir vénéré d'un père que regrettent tous
ceux qui ont eu le bien de le connaître. Son
éloge n'est plus à faire depuis qu'après un

prince de l'Église une royale sympathie l'a tracé en de si justes et si nobles paroles :

« Il n'est pas depuis trente ans une pensée charitable dont le comte Lafond n'ait été l'inspirateur, pas une fondation pieuse qui n'ait été comblée de ses largesses, pas un intérêt social qui ne l'ait trouvé sur la brèche, combattant au premier rang. Il était de ceux qui reçoivent avant l'âge la récompense promise au chrétien qui lutte comme il l'a fait, laissant à ses enfants le lourd héritage, mais qu'ils sauront porter, de sa foi, de son humilité et de ses vertus[1]. »

Cet heureux présage s'est réalisé ; je sais, Monsieur, que vous continuez votre père, vous aimez les lettres qu'il a cultivées avec un sérieux et constant labeur, récompensé par le plus légitime succès ; aucun genre ne lui était étranger, mais son instinct et son goût le portaient surtout, après l'étude des Saints, à la poésie. Je

1. Lettre de M. le comte de Chambord à l'occasion de la mort du comte Lafond

ne m'en étonne pas, car c'est le langage du cœur, — en lui la qualité maîtresse. Laissez-moi vous redire ce souhait si bien réalisé pour lui et que je vous adresse en son nom :

> D'avoir à deux la même route,
> Le même cœur, le même Dieu.

J'ajouterai ces deux vers qui donnent une si haute et si sainte idée de l'amour véritablement chrétien..

> Ainsi que nous t'aimons, aime-nous, ô ma fille !
> Plus que toi-même et moins que Dieu !

Vous avez également hérité de son goût élevé pour les arts, il aimait à s'en entourer dans ce cabinet de travail où nous le voyions, dont il avait fait comme un sanctuaire orné par les maîtres les plus délicats et les plus purs. Mais il était un autre sanctuaire qu'il aimait par-dessus tout et pour lequel il n'avait rien épargné, sa chère chapelle du Nozet que vous avez si bien achevée; il y avait fait une

demeure pour le Dieu de l'Eucharistie et pour
le Dieu de cette crèche dont Rome lui avait
donné un précieux fragment. Rome, c'était son
plus cher souvenir, c'était la patrie de son
âme, il y retrouvait le Père commun des fidèles,
ce grand Pape, toujours si plein pour lui de
paternelle bienveillance, et auquel il était si
généreusement dévoué. Léon XIII a hérité,
ce semble, des bontés de Pie IX pour vous et
les vôtres ; et Madame votre mère recevait, il y
a deux jours, cet heureux gage de bonheur :
« Le saint Père envoie sa bénédiction aposto-
lique à votre fils et à sa jeune épouse pour
leur mariage, ainsi qu'à leurs familles. »

Voilà, Monsieur, vos traditions ; nul, je le
crois, ne me reprochera d'y avoir insisté trop
longtemps, car elles sont un exemple et un en-
seignement pour tous. Vous les continuerez
avec ce caractère égal et facile, avec ce dévouement de cœur dont aimaient à me parler vos
très fidèles amis, avec cette fermeté courageuse
pour servir la bonne cause, si rare et si néces-

saire aujourd'hui. Je veux citer une dernière fois et vous dire

> .... Confiance et courage.
> La faiblesse du bien dans ce siècle fatal
> Est plus à craindre encor que la force du mal.

Mais revenons au texte sacré : *Uxor tua sicut vitis abundans in lateribus domûs tuæ.* Votre épouse, continue le roi prophète, sera comme la vigne qui croît en s'appuyant aux parois de la demeure, qui donne l'ombre sous laquelle on se repose des labeurs, parfois des tristesses de la vie.

Oui, l'épouse, en la famille chrétienne, s'appuie avec confiance sur son époux. Elle vit en dépendance de lui, elle lui est soumise et uniquement attachée. Il est le chef, elle lui doit déférence et soumission, et Notre-Seigneur lui donne pour modèle l'obéissance qu'a pour lui son Église, obéissance pleine de confiance et de respect, mais qui n'est point à charge parce qu'elle est toute pleine d'amour. *Uxor*

*tua sicut vitis abundans in lateribus domûs
tuæ.*

La vigne s'appuyant aux parois de la demeure en suit les contours et se façonne sur
eux. Ainsi l'épouse étudie doucement les goûts,
les pensées, les désirs de son époux pour s'y
plier avec tendresse. Quant à lui, il la soutient
comme la forte muraille soutient avec une
mâle fierté la branche qui s'appuie sur elle. Il
la dirige, il l'aime, il redresse s'il le faut,
mais sans briser, il élève toujours en haut ses
rameaux confiants vers le ciel et vers Dieu.

L'épouse est la joie du foyer domestique,
elle est l'ombre sous laquelle son époux se
repose et se réjouit et dont la douce protection
s'étend aussi sur tous ceux qui dépendent de
lui : les serviteurs dont elle s'occupe, qu'elle
regarde comme de la famille, dont elle en-
courage et abrite les âmes; les pauvres, les
malheureux dont elle est la Providence et qui
viennent chercher près d'elle secours et protection, fatigu   du poids du jour et de la cha-

leur, dans ce chemin parfois si laborieux et si dur de la vie.

Le roi prophète continue : Vos enfants semblables aux rejetons de l'olivier, symbole de rectitude, d'honneur et de paix, entoureront pour la réjouir la table du foyer domestique. *Filii tui sicut novellæ olivarum in circuitu mensæ tuæ.* C'est là une des plus précieuses bénédictions des unions de ceux qui craignent le Seigneur. *Ecce sic benedicetur homo qui timet Dominum.* Cette bénédiction, Monsieur et Mademoiselle, vous la voyez déjà dans vos heureuses familles. Les enfants, comme les rejetons de l'olivier, portent la ressemblance des sentiments et des nobles pensées de leurs pères ; ils continuent leur personne et leur vie : *Sicut novellæ olivarum.* Et la joie de tous est de se voir réunis autour de la table de famille doucement, chèrement présidée : *in circuitu mensæ tuæ.*

Puissiez-vous un jour, vous aussi, être entourés d'enfants fermement, chrétiennement

élevés, qui fassent votre joie et votre honneur
et donton puisse dire comme de vous : Les fils
valent leurs pères. C'est la bénédiction de
l'avenir promise à votre constance dans la fidé-
lité au Seigneur. *Ecce sic benedicetur homo qui
timet Dominum.*

Que cette bénédiction soit sur vous, Monsieur et Mademoiselle. Nous allons tous le de-
mander recueillis et suppliants pendant le
saint sacrifice qui va être offert pour vous.

Que le Seigneur vous bénisse de son saint
autel. *Benedicat te Dominus ex Sion.* Qu'il
vous donne la prospérité sur la terre tous les
jours de votre vie, *videas bona Jerusalem
omnibus diebus vitæ tuæ.* Qu'il vous donne de
longues années pour en jouir, pour voir les
enfants de vos enfants, *filios filiorum tuorum.*

Qu'il vous donne surtout les biens de la
grâce, les vertus saintes, les précieux mérites,
et qu'avec le secours de sa très sainte Mère,
dont vous me reprocheriez de ne pas redire le
nom béni, qu'avec la protection des saints

anges et des saints patrons de vos chrétiennes familles, il vous conduise au travers de la paix, parfois, hélas! si troublée du temps, à la paix seule durable de l'éternité. *Pacem super Israël.*

Ainsi soit-il.

IMPRIMERIE PILLET ET DUMOULIN

RUE DES GRANDS-AUGUSTINS, 5, A PARIS.